가족이라는 기후

김분홍 시집

상상인 시선 *068*

아찔함에 푸른색이 들어 있다

나는 푸른색을 펼쳐 놓고 난간을 생각한다

그 난간으로 당신을 초대한다

시인의 말

나는 불펜투수가 아닌 볼펜투수다
가끔은 삼진아웃을, 어떤 날은 홈런을 맞는다
백지가 비바람에 젖어도
스트라이크 존을 향해
오늘은
몽상이라는 거짓말을 던진다

2025년 11월
김분홍

1부 커브를 돌아 굴절의 세계로

2부 바닥에 젖은 지문들

3부 주렁주렁 열리는 각과 각 사이

4부 해안선의 길이만큼 밤이 자라나 있다

1부

커브를 돌아 굴절의 세계로

표준적인 사람

벚꽃 개화에도 표준목이 있다는 사실을 모르는 사람
도 많지만

해마다 표준목에 고시한 세 송이 벚꽃이 개화의 척도
가 된다

여의도 윤중로에 있는 표준목과 기술표준원에서 고
시하는 표준은 달라 보였지만 실은 다르지 않다

한때 표준적인 회사에 근무한 적이 있다

사회의 표준목이 되고 싶었지만 나는 빈약한 줄기였다

수십 년 동안 개화하지 못한 채 꽃을 보여주겠다고
공덕동을 기웃거리거나 육교를 찾지 못해 난간을 걸어
다녔다

중심에서 밀려 난 나는 유행 지난 BCBG 꽃무늬 원피
스에서 표준을 찾았다
〈

어떤 해에는 표준을 벗어난 사람과 연애하다가 잠깐
개화했다

매년 기상청의 표준목 개화 시기 예측은 실패했고 벚
꽃축제를 기다리는 상인들에게 혼선을 주었다

그때마다 벚꽃은 조금 늦거나 일찍 폈다

표준을 벗어난 벚꽃들
그 사이를 걸으며 나는 표준목이 될 수 없다는 것을
깨달았다

규격 없는 규격 미달의 봄이 내게 만개했다

채석강

밀물은 펼친 페이지 같았죠 바다가 해변을 읽으려고 올라오면 고백은 범람했고요 접힌 기억이 물에 잠기죠 오랫동안 방치한 당신은 어떤 절벽일까요 사암과 이암이 뒤섞인

퇴적은 개어 놓은 유니폼 같아서 다른 얼굴로 같은 표정을 지어야 해요 아름다운 지진은 수면제를 삼켰나 봐요 당분간 깨어나지 못할 거예요 절벽의 단층들은 가지런하게 눌린 페이지

절취선 없는 간조가 해변을 반납하죠 그때마다 채석강에 앉아 이끼 낀 마음을 닦았어요 구석구석 조개껍질이 박힌 격포해변, 썰물이 되면 당신을 열람했어요

일몰이 밀려오는 해변에선 그리움의 페이스를 조절할 수 없어요 축축해진 고백이 복리로 번식하고 격발된 노을에선 화약 성분이 검출되고요 한때 그런 저녁이 있었죠

스프링클러

잔디밭의 잡초는 스팸메일, 지워도 지워도 다시 생겨
난다
역대급 폭염은 그치지 않았고
사건을 목격한 벤치가
침묵을 강요한다

연못에 뿌리내리지 못한 부레옥잠은 의혹만 키운다

분수는 구름에게 무지개일까 소낙비일까
낯선 사람이 분사하는 물줄기를 전지가위로 자르는
상상을 한다
돌돌 말려 있는 호스는 혓바닥을 내밀고 먹잇감을
유혹하는 뱀 같다
거웃 없는
징그러운 다리는 포식자의 자세
누군가 푸우! 하고 거친 숨을 내뱉는다
비명을 터뜨리는 순간
흩뿌려지는 물줄기는 더이상 물줄기가 아니다

뉴스의 중심축에 서는 것보다

그 중심에서 멀어지는 것은 더 두려운 일

어지럽게 돌아가는 세계에서
궤도를 떠난 무지개는
어떤 먹구름을 삼키고 있을까

둘레 없는 회오리바람이 부는데

손금의 용적률

아프리카 손금을 심어요
초록으로 무성해지는 감정

갈라지는 줄기는 무리에게서 이탈하려는 결심이죠
손금도 번식하면
분갈이해야 잘 자란다는 사실이 신기해요

서울에 집 한 칸 마련하지 못한 사람이
용적률 낮은 외곽에서 외곽으로 밀려납니다

공중에 묶여
난간을 뿌려대는
시조바시스 인트리타카
이 식물은 아프리카에 자생하는 희귀식물입니다
걸음마다 엉킨 꽃 피어나고
아프리카에서 온 식물인데
서울에 거미줄을 쳐요

무작위로 뿌린 거미줄은 먹이를 사냥하러 올라가는
사다리

흔들릴수록 밀도가 견고해지죠
구근 속에 접힌 구글 지도를
공중에 펼쳐 놓고
누굴 사냥하려는 걸까요

손금에 묶인 생활은
풀릴 기미가 없지만
빈 곳을 채우며 살금살금 지분을 넓혀 가요
화분에서 난간으로
서울에서 아프리카로
용적률을 벗어난
손금에
손금損金이 기생해요

가죽나물 정치학

기척 없이 터뜨린 붉은 피

이 봄을 뒤흔드는
가죽나물은 어느 혈육입니까 누구의 가죽입니까

숲을 가로지르는 뱀의 표피입니까
반들반들 윤기 도는 담비의 모피입니까

한때 어땠을지 모르지만 지금은 좌판에 초라하게 묶여
새순이라 부르기에도 민망합니다

봄에서 초여름 사이 독특한 향이 나고 오묘한 붉은
빛을 띠는 이 나물은
장아찌나 부각을 만들어 먹으면 맛있지만

향이 센 나물이라
중독성이 강합니다

정치적인 생활은
한번 맛들이면 쉽게 끊지 못합니다

〈
우리 모두 그것을 학습한
겨울과 봄이어서

너도나도 무리 지어
뜯어간 가죽나물

좌판에 누워 시들며 붉어집니다

누군가 옥도정기를 발라 놓은 것처럼
푸르른 적 없었던 가죽나무가

붉음으로 흔들리는 봄과 여름이어서
이번 계절에는 가죽나물을 먹지 않았습니다

킹스베리, 킹스베리

이 빌라는 노골적이에요
붉은 살을 드러내놓고 온몸으로 상대를 유혹합니다

지붕엔 검은 새똥 가득 쌓이고
유리창엔 수서역 기차 소리 익어갑니다
강남역세권은 아니지만
방은 공실이 없습니다

B02호 여자에겐 애인이 있습니다
어젯밤 애인과 나눈 밀애의 당도는 몇 브릭스일까요?

달콤한 밤은 전세 맛이었고
시큼한 밤은 월세 맛이었죠

아침이면 딸기 가는 소리가 들리고
애인의 입에서는
분쇄된 말들이 사방으로 비산합니다

하루는 갈린 대화에 뭉개지고
짓무른 감정을 졸여 잼을 만듭니다

〈

딸기 한 동에 박힌
수십 개의 검정 씨앗이
배 속에서 발아하는 상상을 합니다

그녀가 애인을 자주 바꾸는 이유는
빌라를 바꾸는 이유와 별반 다르지 않아요

전세냐 월세냐의 차이일 뿐
기한이 차면 벽도 감정도 짓무르죠

빌라 호황에 균열이 생기면서
빌라M을 사랑한 빌라왕이 롤러코스터를 탑니다
부동산 광풍에 매수한 빌라가 죄다 뭉개졌거든요
딸기가 빌라왕이라는 말은 치욕적이겠지만 사실이에요

한 철의 달콤한 뒤
욕망을 세척하지 못한 빌라가 지하층부터 짓물러갑
니다

던킨도넛

구멍은 시끄러워요
왼쪽을 막으면 오른쪽이 뚫리고 오른쪽을 막으면 왼
쪽이 뚫려요

방사선에 시달린 흉터가 있는
아이의 턱밑엔 지금도 구멍의 표식이 선명하게 남아
있습니다

동그라미는 좌우가 비대칭이에요
아이의 턱에서 꺼낸 링
아무렇게나 굴러다닙니다

밀가루는 주무르기만 해도 점성이 생기기 시작합니다
치대면서 끈끈해지는 관계들
달걀을 깨뜨려서 배합하라고 레시피에 적혀 있어요

발효가 완성되는 마지막 순간까지
설탕은 달콤한 말로 밀가루를 세뇌시킵니다

기름의 배후에는 얼룩이 떠다녀요

온도가 올라가면서 부풀어 오르다가
등골이 휠 때 바삭해집니다

맛보다 모양에 집착하는 것은 찌그러진 구멍 때문이
에요

튀겨지던 얼룩이 허공을 향해 튀어 오릅니다
새까맣게 탄 것은 도너츠가 아니라 아이의 일상이에요

불이 적개심을 노골적으로 드러냈군요

홀가먼트 참외

노랑참외를 고른다 노랑 바탕에 직조된 하얀 줄을 따라, 봉제선 하나 없이 어쩌면 이토록 매끈할까

홀가먼트 니트처럼 홀가먼트 참외라고 부르고 싶은

어떤 사람의 생활은 상처 하나 없이 화려하고 단단하던데

나도 그런 참외가 되고 싶었다 흉터를 꿰맨 흔적 없이 매끈하게 익고 싶었다 하지만 줄에 매달려 익어가는 동안 단맛은 본문이 되지 못하고 언제나 주석으로 달렸다

주석은 자라면서 본문을 갓길로 밀어냈다

포장되지 못한 참외들, 시장 한쪽 귀퉁이에 삼삼오오 모여 있다 한때 줄에 묶여 있었으나 지금은 줄에서 풀린 채, 배꼽과 배꼽을 맞대고 익어간다

속까지 매끈할까 사람들 내려다본다

갓길마다 주렁주렁 달리는

외로움엔 칼로리가 없다는데 밤은 무겁기만 하고 단 맛 끊긴 자리에 불면이 찾아와도

참외들은 달짝지근한 척 익은 척

나도 그랬다

아는 척 이해하는 척 매끈한 척

꿰맨 자국 없다고 상처도 없을까? 속이 비어 있거나 이야기가 곪았어도 줄 없이 익을 수만 있다면 모양이 말끔하지 않아도 스크래치가 있어도

개의치 않겠다

아무 참외나 봉지에 담아
품에 안은
나를 본문으로 직조한
홀가먼트 참외

앞으로는 어떤 맛에도 주석을 달지 않겠다

코듀로이 계보

빗금은 보온성이 좋아요
빗살무늬 보러 박물관에 가요

어릴 적 나는 언니에게 물려받은 신석기시대 줄무늬,
골덴 바지만 입고 다녔어요
늘 헌 옷만 물려 입는 나와 새 옷만 입는 언니 사이엔

빗살무늬 균열이 생겼죠

가난에 패인 엄마의 생활은 잘 메워지지 않았고
숨소리에 고랑이 파였어요

엄마는 깊이 팬 고랑에서 평생 밭두둑만 일궜어요
골진 이랑마다 고양이 눈알 같은 완두콩을 심었죠

콩깍지 속에는 알맹이인 초록의 아이들이 있었지만
나는 아니었어요

나는 빗살무늬
골덴 바지

〈

수천 년 동안 빗소리가
밭이랑을 패듯
나를 패며
나를 만들었어요

사선으로 흩뿌리는 빗살무늬는
패션의 선두 주자

신석기인이 디자인한 줄무늬는 청동기인의 민무늬에
도 밀려나지 않았죠

저 기하학적인 패턴은 한동안 의류시장을 주름잡을
거래요

보러가요
나를 만든 줄무늬 계보

납작복숭아

문장 위의 솜털이
이곳저곳 흘러다니다 주머니에 갇혔어요

공중에 매달려 익는 동안
당신은 밤낮으로 룰렛을 돌렸고
멈추지 못한 나는 온몸에 피멍이 들도록 굴렀죠

납작한 잠꼬대
납작한 거짓말
생을 납작하게 갈아버린 맷돌 아래
짓눌린 숨을 터뜨리며 어처구니없이 믿음을 구걸했
어요

포춘 쿠키 속에
숨은 문장 한 줄
반으로 쪼개 읽는 운세가 정말 궁금해요

원한 적 없는 나의 운명이 누군가에 의해 미리 적혀
있었죠
정해진 대로 살아야 한다면

나는 우글거리는 벌레의 일조량마저 모조리 도려낼
거예요

당신을 만날수록 심해지는 알레르기
눈길이 닿기만 해도 심장이 따끔거려요
껄끄러운 당신을 도려내고 싶어서 점집에 갔어요

알고 보면
내가 다 쏟아놓은 과거만 맞추던 점쟁이의 앞날은 누
가 대신 점쳐 줄까?

사실, 나의 운명은 산부인과 하얀 수술등 아래 이미
정해져 있었죠

납작한 거짓말에 묶여
삐걱거리며 회전하는 납작복숭아를 반으로 쪼갰어요

그 속에서 나온 씨는 누구의 것입니까

순환되는 애인들

터널을 손가락에 끼고 다녔지 손가락으로 2호선이
들락거리기도 했지 가락지 같은 터널은 수십 년 전, 2호
선이 생길 거라는 것을 짐작이나 했을까 2호선이 제 몸
을 들락거릴 줄 알았을까 터널 같은 가락지를 끼고 달
리는 물체가 손가락인지 순환선 2호선인지 보름달인지
계란 장수인지 모르면서 순환했지 2호선은 굴러다니는
동전, 2호선에서 내린 사람들은 2호선을 주머니에 넣고
집으로 가져가지 2호선에서 만났던 애인은 2호선을 타
고 떠났지 그런 애인들이 여전히 2호선을 순환하지

창밖의 달이 완숙인지 반숙인지
흰자가 구르다 보면 눈사람이 되는지 옆 사람이 되
는지

2호선은 모르지 2호선에서 내린 자전거를 모르고 자
전거는 껌팔이 소년을 모르지 해바라기가 외발로 외발
자전거를 돌릴 때 어제의 한강은 오늘의 한강이 아니지
한강은 책상이고 책상은 평평해서 편백잎이 뱅어포가
될지 성지聖枝가 될지 누구도 알지 못했지 선릉역 5번 출
구를 빠져나오는 오후 일곱 시는 일곱 시의 약속을 까

마득하게 잊었지 까마득하게

　2호선에서 얼굴이 쏟아져도
　수배자들은 터널에 숨어 있지

　그저 터널에 숨어 있지 가락지로 애인들이 들락거렸지

도로반사경

이 세계로 들어오세요 구면도 비구면도 환영합니다
입구만 있고 출구 없는 이곳에서 감정의 과속은 금기,
진로 이야기는 금물입니다 흡입력이 좋아 아무나 들어
올 수 있지만 들어온 순간, 상황은 달라져요 어디로 사
라졌는지 알 수 없는 사람들, 들어간 기록만 남고 나온
흔적은 지워지죠 이곳의 미덕은 단 하나 과속하지 않는
것 바깥세상은 사람도 자동차도 커브를 무시하잖아요
여긴 감정도 자동차도 느리게 움직여요 자동차는 커브
도는 속도로 달리고 감정은 날씨를 따라 움직이죠 처
음엔 적응하기 힘들었지만 지금은 괜찮아요 감정의 코
너링을 배웠거든요 그 후 감정을 다루는 직업을 얻었죠
하루에도 수천 가지 감정을 분류해요 가벼운 사연부터
무겁고 식어버린 사연까지, 볼록한 느낌부터 오목한 느
낌까지, 과속은 금지된 채 모든 감정을 조율하죠

굴절된 인생
굴절된 환영
굴절된 시급은 장차 해결해야 할 문제지만

빛을 긁어모아 빛을 만들 수도 있으니

〈
어서 진입하세요
커브를 돌아
굴절의 세계로

고덕동

재건축 아파트 경축 현수막이 내려다보이는 마천루 스카이라인에
걸터앉은 여자들이 스테이크를 썬다

A가 칼을 들고 지적도 공식으로 스테이크를 칼질한다
B가 포크를 들고 포클레인 공법으로 등심을 해체한다
C가 평면도 위에 올린 접시의 두께와 스테이크 두께를 비교한다
D가 조망권을 펼쳐놓고 조망과 전망의 차이를 역설한다

이구동성으로 재건축 반대자들의 이름이 썰려 나갈 때

파지 더미를 실은 수레바퀴
43평과 17평 아파트 사이를 꿰매며 지나간다

바퀴 자국이 풍경을 박음질하는 저녁
된장국 냄새가 석양에 번진다

솜털 구름인지

파지인지
노파의 얼굴인지

분간할 수 없는 어둠이 찾아온다
노파가 수레 위에 어둠을 한 겹 접어 덮는다
노파가 파지 위에 어둠을 두 겹 접어 덮는다

덤프트럭이 파지 더미에 덮였던 그림자 더미를 수거
해간다
풍경이 사라진 아파트 단지를 내려다보며

A와 B가 안방에서 탯줄을 자른 아이가 되고
B와 C가 문간방에서 젖이 부푼 소녀가 된다
C와 D가 파지 실은 노파의 수레를 끌고 아파트 사이
로 걸어간다

2부

바닥에 젖은 지문들

여주, 아직 멀었습니까

넝쿨이 지지대를 타고 오르는 행간의 촉수라는 상상력 혼합니다만, 여주 가는 길, 밭에는 여주 넝쿨이 지지대를 타고 오릅니다 푸른 촉수가 나를 휘감습니다 나를 괴롭히는 문장 같습니다 아집과 고독으로 가득해 고라니의 입맛에도 맞지 않는 나의 문장, 신파는 쓰고 싶지 않아도 써야 하고 꼬인 문장은 읽고 싶지 않아도 읽어야 합니다 금잔화는 낮에 꽃을 피우고 밤에 잠을 자는데 나는 암막 커튼 뒤에서 밤에 꽃을 피우고 낮에 잠을 잡니다 도깨비방망이를 들고 틈나는 대로 낯선 단어를 채집하죠 마찰하는 입이 배배 꼬인 길을 펴지 못하고 웅얼거리면 그게 문장이 됩니다 울퉁불퉁한 행간에 클리셰 박혀 있고, 발이 걸려 넘어지는 날도 있죠 목적지는 멀었는데 과숙하는 태양, 당도 없는 책을 출간합니다

표지를 들춥니다
붉은빛이 쏟아집니다

읽을수록 면역력이 생기는
여주, 아직 멀었습니까

내 사슴으로 와

와록사를 찾아
해안 산책로를 걷다
주운 비문들

발이 물에 빠졌을 때
구절 산중에서 툭툭 튀어나오는 비문들
읽어내기가 난해해서
자주 암석에 걸렸다

발길을 붙잡는 절은
사동에서 시작된 건지 피동에서 시작된 건지

해안 산책로를 따라 적혀 있는
울퉁불퉁한 파도

강조하고 싶은 것이 수평선인지
몰아치는 문장인지
간혹 어순이 바뀐 목적어들

목적지에 가까워질수록 몽환적이다

사ㅎ를 좇았는데

사ㅎ는 없고
사슴만 누워 있다

현기증의 맛

아찔함은 어떤 맛일까

아찔함에 푸른색이 들어 있다
나는 푸른색을 펼쳐 놓고 난간을 생각한다
그 난간으로 당신을 초대한다

난간에서 당신을 바라보니 어지럽다

잠시 혼란이 시작된다
혼란을 들고 외출을 서두른다
문구점 앞에서도 사라지지 않는 어지럼증

회전은 나를 무자비하게 혹사시킨다
훌라후프는 속이 비었고

빈속에 들어가
빈속을 돌리는 바람개비

한 사람 주변을 빙글빙글 돌고 있다
〈

배고픔은 우로보로스처럼 둥글고
꼬리를 물고 있는 골목은 구수하다
빙글빙글 돌아 오늘의 꼬리가 어제의 꼬리를 먹는

허기는 주머니에 갇혀 사는 입이 큰 짐승

나는 나를 방목하는 짐승에게 질질 끌려다닌다

내 현기증에 누가 삼겹살을 구워줄까

루빈의 컵*

버진로드를 행진하던 날
흘러내리는 웨딩드레스를 벗어던지고 지난 일을 고해
하지 못했지

물구나무를 서면 내가 쏟아질 것 같았지

유리의 투명한 척하는 자세와
컵에 담아두기만 하는 대화

명백한 과오지만 애써 숨기려 하는 이유는

무덤이 되기도 하고
모자가 되기도 하는

컵의 이중생활 때문일 거야

수납장을 열면
마주 보고 있는 컵들

어떤 모양으로 담겨야 할지 망설이던 나는

아무 데나 잘 담기는 거짓말을 따르다가 엎지르곤 했
어

항상 마주 보고 있으면서도
투명해 본 적 없는 컵들

비밀이 쏟아지는 자세는 사절이야

그러니까 끝까지 감추려면
부르카를 벗을 수가 없는 거지

* 컵과 사람의 옆모습을 이용해서 착시효과를 표현한 루빈의 그림.

실업 수당

잠도 물을 줘야 싱싱해진다는 걸 알았어요
출근 시간에 울리던 알람을 꺼두고
자다 깨다를 반복하며

한 줌 미열을 긁어모았어요
천장에선 졸음이 시들고요

이력서 대신 쌈 채소를 키우기로 했죠
잠꼬대가 쏟아지는
화분花粉 없는 화분花盆에서
첫 페이지를 찢어내면
다음 페이지를 펼치는 쌈 채소
뜯겨져 나간 페이지는

한배에서 난 형제고요

누구를 뜯은 적이 없는데 너덜너덜해진 가족
소등하지 않는 LED 등 아래
물소리가 쪼글쪼글해집니다
〈

쌈 채소를 뜯는 손으로 입사지원서를 찢었어요
한쪽은 나를 먹여 살렸고, 한쪽은 나를 외면했죠

씨앗은 흙 속에서 발아했지만 이곳에 흙 따윈 없어요
땅에 발을 디디지 못하고 물만 먹고 살아요 그렇다고
콩나물은 아니에요

실업 수당으로 키운 쌈 채소니까요 인맥은 없지만 잎
맥이 많으니까요
인맥도 언젠가 은퇴기가 오죠

자, 불면을 수확할 시간이에요
나를 뜯어 먹고

빈 화분에
다른 모종을 옮겨 심어도
인맥은 돋지 않고 잎맥만 무성하게 자라났죠

타밀록

껍데기를 버리자
연체동물로 살고 싶으니까
알맹이로 살고 싶으니까
하지만 사는 게 미끌미끌하고 알맹이도 거추장스러워

알맹이를 버리자
무늬로만 살고 싶으니까
무늬도 버리자
암컷으로 살고 싶으니까

하지만 부끄럽게 남아 있는 일 인치의 얼룩 때문에
거세하려던 거사에 실패했지
나는 여장을 하고 꿈속에서 춤추며 노래 불렀어
다른 몸을 찾아 꿈 밖으로 떠난 애인은 눈부셨어

애인의 진짜 모습은
6일까, 9일까
6도 9도 되지 못한 나를 껍데기 보듯 쳐다보지 마
그것이 싫어서 여기까지 왔으니까
6이든 9든

두 개의 몸을 번갈아 갈아입으며
앞으로 갈 거니까

진화하는 방식으로 퇴화하고
퇴화하는 방식으로 진화하며

6과 9와
껍데기와 알맹이와
수컷과 암컷의 꿈 밖으로 떠난

나의 타밀록 타밀록

* 황병승의 시 「시코쿠」에서 차용.

겹겹이 거짓말

라넌큘러스는 미나리아재비 속의 식물입니다

겹겹의 꽃은
겹겹의 거짓말

저렇게 많은
겹겹의 거짓말로

거울 속에서 웃고 있는 너는 입이 없습니다

거울 속에 있는 건 입이 아니라 잎일까요
줄 하나에 매달려 기생하는 너를 풀었다 감으며

겹겹이, 겹겹의, 겹겹으로
편파에 묶인 채

라넌큘러스 이파리는 너무 멀리 와버린 발자국

꽃말은 비어 있습니다
꽃말이 비어 있음에도

〈

라넌큘러스 꽃말은 몽상이라는 거짓말을 합니다

거짓말과 몽상이 섞이면
슬픔도 겹겹이 부풀어 오릅니다

뿌리는 밤의 쪽으로
고백은 태풍 쪽으로

태어난 자세가 그런 모습이라서 섬뜩합니다

거울 속에 두고 온 잎은
더 이상 펴지지 않습니다

침

내가 뾰족해지는 날
비가 온다는 말을 찌른다로 읽어요

먹구름에서 풀리는 빗줄기로 뜨개질을 하고요
바늘 코 하나 잡아당기면 생겨나는
하늘과 땅의 무늬들

그렇게 울타리 지분을 넓혀갑니다

서쪽 빗소리와 동쪽 빗소리를 분할하지 않아서
조망이 좋은 우리 집 발코니

누구에게 선물할까요?

체증이 심한 구간에 뜸을 뜹니다
혈 자리를 따라 사혈한 지 여러 달 되었지만
지긋지긋한 통풍은 가라앉지 않습니다
구석구석에 부항 자국이 남아 있어요

면과 면 사이에서

일어나는 분란을 아무도 중재하지 않아
생긴 멍
전용면적이 형성되었다고 말할게요

중심을 누르면 외곽이 부풀어 오르고
외곽을 누르면 중심이 부풀어 오르는

당신의 침은 계단식입니까 복도식입니까 아니면 상자
형입니까

상자가 상자를 탕진합니다
핵심은 어떤 탕약도 약발이 듣지 않습니다

상자에 먹구름을 버립니다

끝까지 서랍

칸칸의 마디를 여닫는 명분이 많은 어둠에도
손잡이가 있을까
네모의 귀퉁이를 가졌기에
삼각김밥과는 다른 모서리가 있을 거야

닫힌 서랍은 비밀이 열릴까 봐 초조하고
비밀은 결코 서랍 속에 넣어두는 게 아니어서

손가락에 채워진 애인의 자물쇠를 풀어줄게

숨기는 나를 탐색하는 너
속이 활짝 펼쳐진 하늘 아래
속을 숨긴 우리는 누워 있어

뒤집힌 하늘이 줄줄 새는 걸까
문고리를 잡아당겨도 문은 열리지 않고 후드득 빗방
울이 떨어졌어
바닥에 젖은 지문들
수납법을 알려주지 않는다고 손잡이를 탓해선 곤
란해

〈

닫힌 사람을 두드려 보는 것

자꾸만 삼각으로 쏠리는 마음이 엉켜 있어 정리하고
싶은 얼굴

끝까지

열어야 하는 거니, 닫아야 하는 거니

모노레일

서정의 반전은 급경사에서 시작됐다
오르막길은 가파르고 험해서 너는 뒤를 돌아보지 않
고 앞만 보고 달렸다

한번 타면 중도하차를 허락하지 않는 일방통행의 길
우리는 이별하고 싶어도 이별하지 못했다

비 오는 날 너와 함께 모노레일을 타고 달리는 동안
빗물에 출렁이는 바다가 뽁뽁이로 보였다
깨지기 쉬운 마음을 포장하고 싶었다

멈출 수도, 후진할 수도 없다

횡단은 없고 종단만 있는
레일 위에서
얼마나 많은 이탈이 이탈하지 않으려고 매달렸을까

레일에 풍경을 맡긴 채
내려야 한다는 걸 잊고 달리는 것에만 몰두했다
〈

잠시 후

40분을 순환하고 도착한 전망대에서

40년을 순환했다는 안내방송이 들려왔다

잠깐 모노레일을 즐겼을 뿐인데

승차했던 사람들 다 내리고

너도 내리고

아무도 없다

밤꽃 하얀 이야기

공원 아래쪽에는 웅덩이가 있고
그 위에서 수련의 엉덩이가 찰랑댑니다

그때 불쑥 치마 속으로 들어온 손
비명과 함께 뒤집어지는 웅덩이

아니, 엉덩이

잎은 매혹적이군요
숨소리가 흥건한 쇄골이군요

웅덩이를 모두 뒤집어 엉덩이를 만들고 싶은 밤인데요

잎은 오므라들지 않는 입인데요

어둠을 덮었다 깔았다 수시로 체위를 바꾸는
밤에도 앞면과 뒷면이 있습니다

이토록 후끈한 공원을
한 바퀴 돌아 내려오는 사람은 누구라도

뜨거워진 목에 골목을 감고 있는데요

골목은 어둠으로 누군가를 사육하고
골목이 혹독하게 목을 조이거나 말거나

여전히 공원을 도는 사람들이 있습니다
공원을 따라 무한대로 증식하는 밤도 있습니다

연못에 주저앉아
입을 열지 않는 수련 때문에

전말이 드러나지 않은 사건을 목격한
밤나무만 밤새 하얘졌습니다

소금호수

구름은 인내심이 부족한 악기
구멍 뚫린 연주에 큰 소리로 우는 날이 많았다

구름은 반복해서 돌아가는 컨베이어벨트
모서리를 복제하며
이쪽 허공에서 저쪽 허공으로 이동한다

눈물이 증발해도
눈 속으로 더 새하얀 구름이 몰려왔다
가벼워지지 않고는 허공을
건너갈 수 없기에

한 군데 오래 정체하지 않는

구름의 보풀

하나씩 제거하다 보면 교회 종탑이 나오고
흰 꽃 머리에 꽂고 돌아다니던 작은 엄마네 집 나온다

오래전에 폐쇄된 상엿집에서

형제들과 같은 슬픔을 공유했던 적이 있다

제삿날이 오면 각자의 방식으로 사라진 구름을 애도
하는 동안
오해의 염도는 진해졌고 견고한 모서리가 생겼다

어쩌면 고체일지도 모르는
염도 다른 슬픔을 간직한 형제자매들

소금의 유통기한이 궁금해서
햇빛 담아가는 먹구름을 따라가다 보면

오래전에 폐쇄된 소금호수가 나왔다

오픈 북 연애

우리는 오답이 가득한 시험지였어
차라리 아무거나 찍는 게 나았을지도 몰라

책을
펼쳐 놓고

이리저리 뒤적거려도 문제는 풀리지 않았어
밑줄까지 그어가며 숱하게 학습했는데
정작 서로에 대해 아는 게 없음을 깨닫는 순간

늘 옆구리에
책을 끼고 만난 우리의
연애는 오픈 북 시험 같은 것인데
펼치려고 하면 접혀졌고
접으려고 하면 펼쳐지는

출제 범위가 넓은 연애였어

객관식은 주관적이고
주관식은 객관적이라서

〈

결국 모호하고 중의적인 문장만 남았지

채우지 못한 빈칸이 궁금해서 몇 번을 들여다봐도
끝내 풀지 못한 문제들

이별하자 말하지 못했는데
벌써 시험이 끝나가는

3부

주렁주렁 열리는 각과 각 사이

대관람차

유원지에 있지 대관람차, 일정한 간격 유지하는 무한 리필 회전초밥 접시들처럼 회전하지 수직으로 회전하지 위험한데 그래서 매력적이지 장어 떼가 비명을 휘저으며 모여들지 국산 고등어의 물결무늬 대신 노르웨이 고등어 물결무늬여도 괜찮지 아무려면 어때 새우의 미래는 도착하기도 전에 굴절되었지 아니 품절되었지 이들에게 다음 생이 있을까? 이런 생각을 하는 동안 간장에 고추냉이를 푼 날씨가 먼저 도착하지 날씨도 회전하고, 맑음 뒤에 흐림 매미는 지하에 두고 온 울음을 밤낮으로 채굴하지 매미 울음이 관람차를 따라 회전하는 사이 갓 채취한 노을을 볶아 김밥을 마는 요리사, 토막 난 여름이 접시에 쌓이지 한 바퀴에 한 생이지

1992년 스투키

여기는 비좁은 유배지
돌아눕지도 못하는 고시원에서 언제까지 견딜 수 있
을까
맨몸으로 수직과 수평을 재는 불안
반품도 번복도 할 수 없어
벽에서 흘러나오는 누수의 소리는
오래전에 마른 강의 이력
물길은 진공상태로 옹색하게 접혀져 있어
이곳에선 침묵만이 꼿꼿해
몸이 휘고
뼈가 부러질지언정
중심을 사수하려고
휘어지지 않는

뿔

뿔부터 내밀고
뿔로
들이받는 방식이지
〈

치열한 전쟁터에서
생장점이 거세된 출근은 꽃잎 한 장 피우지 못했어
매일 눈빛을 만들다 보면
꽃망울이 자라겠지

이나무*

붉은 동전을 물고 떠난 새의 사체는 이 숲에서 발굴
되지 않았다

치통은 머리에서 뿌리까지 내려와 기웃거리고
나이테에서 새 울음을 거슬러 받지 못한 나무들이 온
종일 바람의 잇몸을 이식한다

이나무에선 건기에 죽은 기린 냄새가 퍼지고
기린의 썩은 얼룩을 발치하고 싶어 하는

이나무의 논리로 접근하면 이 나무는 나이테라는 영
구치를 가졌다 통증이 몸을 흔들지만

그 슬픔은 뽑히지 않는다
새 울음의 회피처인

나이테 안쪽엔
울새 울음 같은 석션 소리가 흡착되어 있다
통증은 중심에서 외곽으로 퍼져나가고
〈

치통이 나무 전체에 퍼져
붉은 열매를 맺게 한다

아픈 이를 발치하듯 새는 열매를 물고 날아올랐다

그런 날 새 울음이 많았다

나이테에서 새 울음을 거슬러 받지 못한 이나무에서
새들이 붉은 동전을 물고 떠났고

이 나무에선 바람의 잇몸이 자주 흘러내렸다

* 활엽 교목으로 붉은 열매가 열린다.

지네가 장면 속으로 지네

신한카드에서 국민카드로, 현금서비스에서 사채로, 생활을 돌려막았어 그럴 수 있었지 돌아다닐 발이 많으니까 벽에서 31쌍이나 되는 발을 끌고 나온 지네니까

밤마다 다리가 다리를 끌고, 한 쌍씩 증발하는 꿈을 꿨어 다리를 하나씩 떼어 버리면 어떻겠냐는 의사의 제안에 지네는 떼어낸 다리로 속눈썹 연장을 부탁했다가 거절당했지 그 후 의사는 다리 없는 뱀장어에게 지네 다리를 불법으로 이식하려다 실패했대

그게 다 무슨 얘기냐고? 신경 쓰지 마 어차피 사건은 미궁 속으로 빠지게 되어 있고, 내가 모르는 성형된 이야기들이니까 꼬리에 꼬리가 붙어서 원본을 알 수 없는, 지네의 발만큼이나 많은 말들이 우리 인생을 끌고 가잖아 그게 중요해 이상한 말 속에서 우린 헤매고 있어

왼발이 걸어가면 콧대가 높아지고 오른발이 걸어가면 쌍꺼풀이 생겨나는 이야기 31쌍의 연애와 31번의 이별과 31개의 얼굴과 31개월의 할부금 속에 통장은 단 한 개도 없어 허무한 문장이 더 허무한 문장을 돌려막기에

도 부족하지만

　지네의 결말에도 원칙이 있어 가진 자와 갖지 못한 자가 공존하는 장면과, 31쌍의 발로 뱀장어 집으로 들어간 지네가 붕대를 감고 벽 속으로 사라진 이유는 절대로 발설하지 말 것 그 이후는 어느 발도 말해주지 않았어

드라이플라워, 아카이브

오래된 고분 앞
유적지 입구엔 피장자의 이름과 배치도가 그려져 있
습니다
한때는 한 가정의 가장이었던 여자
죽은 것도 산 것도 아닌
고분 옆에는 또 고분

뭉개진 기억 곁에
누가 누워 있는지 모릅니다

녹슨 숟가락과 생의 파동이 깨진 그릇 몇 개
부장품으로 놓여 있습니다

유리관에 갇혀
기억을 도굴당한 자리에 도굴해 온 누군가의 기억을
숟가락으로 퍼 담고 있습니다

그 안에서 바스러진 것들은
불 꺼진 등대, 비보호 신호등, 고장 난 라디오, 폐기
된 모델하우스, 가시 많은 계란입니다

〈

빗장 잠근 식욕에 링거를 놓는 간호사와
맥락 없는 대화를 들어주다 지친
요양보호사가 묶어 놓은

구름 한 구

수골실로 보내질까 봐
바스락거리는 소리도 죽인 채 살아 있는
고분 옆에는 또 고분

이곳에 말라붙은 여자는 언제쯤 발굴되어
세상에 모습을 드러낼 수 있을지 알 수 없습니다

폭염을 입관하다

알약을 먹고 뒤척이는 열대야의 밤

알약을 삼킬 때마다 언젠가 알약이 나를 삼킬 수 있다는 불길한 예감이 들었다

염습사가 폭염의 머리를 빗긴다 폭염의 얼굴을 씻기고 폭염에게 염을 한다면 폭염이 조금 시원해질까

뜨거웠던 생을 세척하고 있는 염습사의 손끝이 폭염을 삼베에 싸서 포장한다

폭염을 묻으러 가는 길
누구나 가야 하지만 아무도 가고 싶지 않은 마지막 여정

울지 말아요
나는 떠난 흔적만 있고 돌아온 흔적이 없는
담쟁이의 외출이에요

사망진단서 한 통에 죽음은 짧게 요약되고

매듭 풀린 폭염이 영정사진 속에서 웃고 있다

영혼에서 몸을 빼면
무엇이 남을까

노을의 사화인 양 맨드라미의 최후인 양 몇 달 동안
물 한 모금 없이 견딘
폭염의 유언은 무엇일까?

죽음은 단추를 채울 수 없어
매듭에 묶인

폭염을 관에 넣고 폭염이 없는 곳에 묻는다

하지정맥

기상캐스터의 종아리가 부풀고 있다

처음엔 다리에 대한 관심이 불어나고
다음엔 날씨가 부풀었다
다리에 대해서인지 날씨에 대해서인지 모를
댓글들이 팽창하다가

몸에 정체 구간이 생겼다
그곳은 지하철노선도처럼 얽혔고
가끔 뜬구름을 보느라 정체가 더 심해질 때면
북상하는 구름주의보가 발령됐다

정체가 심한 병목구간
토사자를 토해내는 매지구름에서 덩굴이 자랐다

미래를 예보하는 기상캐스터지만
아무도 그녀의 내일을 알려주지 않았다

무릎 안팎에 부적을 덧대고
이동하는 철새들을 따라간다

〈

들러야 할 경유지가 빼곡한데
정체 구간은 길게 늘어지고 종아리가 부풀어 올랐다

베니톨정을 복용해도 풀리지 않는

예보에도 없던
하류성 악천후

큐브 속의 여름

수박을 사각 틀에 가두어 기르면 네모가 된다
방향을 제한하는 것이 방향을 편애하는 것이라고 말
할 수 있을까

네모를 찍어대던 구름
네모적인 빛
사각이 기르는 여름
못생긴 편애를 찍어내던 우리

수박과 수박 사이에는 틈이 필요하다, 빛이 들어야
하기 때문이다

그런 식으로 너와 나 사이에 틈이 생긴다
맥락 없는 불만
폭발하는 욕설
덜 익은 대화
모두 사각이다 모서리가 있으니까

벌어진 틈을 메우려고 발라내야 했던 살점들
접착제로 봉합할까

〈

넝쿨은 대화가 번식할수록 더 많은 네모를 경작한다

그 네모를 뒤집어주어야
윗면과 아랫면이 가로 면과 세로 면이
직교되면서 익어 간다

덜 익은 대화를 선별하면서
서로를 뒤집어주면서

주렁주렁 열리는 각과 각 사이에서
큐브 속의 여름은

생각도 네모로 익는다

빨대

수박주스에 빨대를 꽂는 일은 수박에 말 거는 일

빨강은 누구의 혼잣말일까

자라면서 우리는 서로에게 빨대 꽂는 법을 배웠지

심장에 꽂히는 방식은 달랐으나 가까운 사람에게서
더 깊이 찔렸어

구멍 메우는 법을 학습하지 못했으므로
더 큰 구멍을 찾아다니며 구멍을 메우려 했어

누군가에게 꽂은 빨대는
누군가의 축축한 시간에 꽂은 터널

그 사람의 악몽까지 흡입할 거야

오른쪽 눈을 감은 후 왼쪽 귀로 듣는
왼쪽 귀를 닫은 후 오른쪽 눈으로 보는
〈

어둠은 통로가 길어서 받아쓰기가 힘들고

긴 빨대로 오랫동안 소문만 휘저었지

호수와 수련

호수는 한 번도 입을 연 적이 없지
바람이 의뭉스럽게 쓰다듬어도 돌팔매질을 당해도

호수는 이런 풍경을 본 적이 없지
옥수수를 주문했더니 노란 웃음이 터져 나오고
소금쟁이를 주문했더니 젊은 아버지 얼굴이 수면에
떠 있는

호수는 한 번도 불평한 적 없지만
호수의 물결을 만드는 것은 바람이어서
바람이 기록한 어떤 가족사가 엘피판으로 돌아가는
호수

목구멍의 힘으로 버티는
분수와 달라서

호수는 백조가 되겠다고 생각한 적 있지 그건
호수가 바다를 뒤집겠다는 불온한 마음이야
잘못 뒤집으면 무덤이 되겠지만
〈

호수도 술잔처럼

자신을 비우고

입을 채우고

자신을 마시고 싶을 때가 있을 거야

수련은 저 밑바닥의 비밀을 깔고 앉아 재잘대지만

호수는 한 번도

밑바닥까지 다 게워 낸 적이 없지

매독처럼 드라이하거나 스위트하게

정물이 담긴 병, 코르크 마개를 딴다 검붉은 물감으로 채색된 정물이 붉게 숙성하고 안면을 바꾼 코르크 마개는 식탁 위에서 뒹군다 바디에 빠진 남자가 미개봉 입구를 개봉할 때까지 마시기 부드럽게 숙성된 정물을 여자의 와인 잔에 따라 준다 라벨 없는 양파들, 미소를 키핑해 놓은 남자가 정물 속에서 한 겹 한 겹 사심을 드러낸다 부케를 날리는 여자의 고백으로 정물 속 양파는 싹 트고 벽에 걸린 망 속의 양파는 싹 트지 않는다 남자가 와인 잔을 내민다 여자가 정물을 따른다 남자는 천천히 정물을 음미한다 동어반복인 키스, 몇 번의 스킨십으로 코르크 마개가 열리고 남자와 여자가 정물을 음미한다 매독처럼 드라이하거나 스위트하게

카프라 아브라 카다브라

블록을 쌓아 볼까요 나무는 적목이 좋겠군요 적목
은 파열, 적목은 불안, 적목은 혼란입니다 채워지지 않
는 욕망을 쌓았다가 무너트립니다 누군가의 삶을 무
너트려 놓고 다시 쌓는 일은 기분이 좋군요 당신 기분
이 그랬군요 미세한 균열만 생겨도 관계가 틀어지는 벌
집은 어떨까요 육각형은 달콤한 왕국입니다 창문 없는
방마다 애벌레를 입주시켜 놓고 벽에 현기증을 덧칠했
지요 난간을 학습하며 벌들은 자랍니다 카프라 블록으
로 지은 건물은 빈 곳 투성입니다 빈 마음에 콘크리트
를 타설하세요 빈 곳을 채울 수 있어요 기시감으로 배
치된 인테리어는 불신을 키웁니다 속이 텅 빈 건물일지
라도 새로운 인테리어를 권장합니다 때론 과적으로 건
물이 무너지기도 합니다 저런, 잔해 속에서도 누군가 여
전히 무언가를 쌓고 있군요

구름은 또 돋아날 거예요

치통이 구름처럼 떠돈다 동쪽으로도 서쪽으로도 흘러갈 곳 명확하지 않다 습관적으로 은박지를 까고 타이레놀을 먹는다

치석은 쇠비름의 일종이다 제거해도 다시 생겨난다 나는 벌어진 틈으로 파고드는 슬픔을 스케일링하지 못했고 우울증이 심한 날씨를 가글하지 못했다

치실에도 마디가 있다 소분해서 사용하는 하루는 몇 센티미터일까 그 마디에 하루를 맡겨도 될까

비의 예보도 없었는데 먹구름이 몰려온다 썩은 구름을 발치한다 파인 잇몸에 정체 모를 누군가의 전생前生을 이식하고
잇몸을 덮어준다 전생全生으로

뿌리내리는
〈

나의 전생轉生

4부

해안선의 길이만큼 밤이 자라나 있다

가시오이

골목이 깨어난다 넝쿨을 뻗는다 야생이 꿈틀거리는
골목, 일용직을 전전하는 내가 갚아먹을 최적의 조건을
갖췄다 골목에서 입구가 출구를 복사한다 반대의 경우
도 성립한다 지지대에 매달려 성장하는 가시오이는 여
름을 구부리기도 펴기도 하는 그늘막이다 매달리는 일
이 직업이라서 기둥 없는 기둥서방에 매달리고 햇살 없
는 햇살론에 매달린다 그늘막이지만 그늘이 성겨서 저
만 더위를 견딘다 가을 풀벌레가 유일한 MP3인 이 골
목에 풀벌레들이 음원을 튼다 넝쿨은 위로도 밑으로도
뻗는다 마이너스 통장의 잔고가 바닥날 때까지 뻗는다
매달릴 일이 까마득한 사람들은 바닥에 매달린다

맨홀

입술을 연다
은폐의 시간이 고여 있다

애인과 서로 다른 생각을 하며 딥 키스를 한다

열린 문은
둥둥 떠 있는 솜사탕
달콤한 과즙이 과잉으로 들어있는
달콤함의 최후는 일몰이다

병 속으로 내가 들어가고
병 속에서 애인이 나올 때

입술이 입술을 향해 화살을 던진다

뚜껑이 열렸다는 것

그 과녁의 중심에 내가 걸려 있다

아침에 깨어나지 않기를 기도한다 입술을 열어

악몽에 헬멧을 씌운다 입술을 닫아

맨홀 아래 은폐한다

성벽

귀는 목책 울타리야

전쟁이 끝난 줄도 모르고
아직도 하늘과 땅을 방어하는 훈련을 반복하지
아침에 들은 이야기를
저녁에 조준해 떨어뜨리는
산성 둘레 같은

귓바퀴엔
피어싱 자국만 남았어

귀는 오래된 터널이야
어떤 말이든 쉽게 삼키고
한번 삼킨 말은 되돌아 나오지 않아

많은 스캔들이 터널 안에서 사라졌다는 말을 들었어

어둡고 축축한 터널에서
발아한 소문이
발굴되어 나오면

파문이 된다는 말도 들었지

소문과 소문이 연계해
연개소문이 되었다는 농담은

하지 마
귀 아프니까

귀는 터널보다 오래되고
성곽보다 튼튼한 건축물

지금도 누군가 발굴하고 있을 거야
귀에서 은밀하게 발굴된 소문이
피어싱 자국을 따라서
성벽에 새겨졌을 거야

사람들은 핏자국인지 소문인지 모를 그 흔적을 따라
걷고 있어

우엉의 시간

바닥의 깊이를 재는 줄자는 뱀을 닮았어
곧추서지 못하고 똬리를 틀었다고
속까지 음흉하진 않겠지?

분노를 삭이다 보면 생활도 꼬이고 마음도 꼬이지
배배 꼬인 생활이 풀릴 때까지

악착스럽게 바닥을 후벼팠어
파고들수록 단단해지는 깊은 어둠에 뿌리를 내렸지

사각으로 펼쳐놓은 악몽에
소시지와 단무지, 채 썬 보름달과 졸인 어둠을 넣고
말았지
당신이 터지지 않게

휘어지지 않는 당신의 성격
누구 말도 듣지 않아
채울 줄만 알았지 비울 줄 모르는 누적의 식습관
관장을 해야 항문이 열렸어
〈

방 안 가득 산수유를 피워 내던 당신은
죽었는지 살았는지
구별이 안 되는 뿌리식물

자꾸 바닥을 파고들지

지팡이가 당신을 놓아주었는지 당신이 지팡이를 놓아
주었는지 모르겠지만
악몽을 지우는 중일까, 기척이 없어

기우는 수직을 온몸으로 받아내는 폐가의 시간

이미 만삭이야

분지

당신의 턱 밑
수술 자국에 분지가 생겼어요

용암이 솟구쳐 오른 자리라는데 점점 낮아져 분지가
되었죠 언제 폭발할지 예측할 수 없죠 그 속에 불의 감
정이 흘러서 그런가요

그 분지는 일교차가 심해요

당신에게 쏠린 간섭을 나는 밥 같은 사랑이라 말하고
당신은 알레르기 미움인 줄 알아요

모르는 사람과 만나 형성된 가족이라는 기후
소모적인 언쟁은 고기압이거나 저기압이어서 말을 아
끼게 됩니다

해발 고도를 측정할 수 없는
낙차가 심한 당신과의 대화
청력검사 신호음이에요
집중해서 듣지 않으면 잘 들리지 않아요

〈

  욕실에 걸린 축축한 수건은 말랐던 적이 없고 말라가
는 수건과 젖어가는 수건 사이에서 우리는 아침을 맞아
요

  안개에 갇혀
  출구 없는 분지에도 분자는 생겨나고

  한 무리의 관광객은 누군가의 흉터였던 이곳에서 오
징어전과 막걸리를 마셔요

  우리가 비비고 있는 산채비빔밥은 겉돌기만 하고 잘
뒤섞이지 않네요

  한 번 생긴 상처는 잘 봉합해도 티가 나고
  당신의 분지에는 불의 이야기가 숨어 있어요

명란 언니

포장도 없이 터진 언니가 돌아왔다

명분 없이 떠났다
명분 없이 돌아온
터진 언니는 터진 언니
어디를 가도 터지는 게 일상인

파지 명란

터진 것만 봐서인지
여기저기 감정이 붉게 터졌다
입을 막으면 귀가 터지고
귀를 막으면 눈물이 터지는

언니야, 그런데 삶의 농도는 왜 이렇게 짤까

터진 곳마다 옷을 껴입고
칙칙한 입술에 발색제를 바르면
언니는 잠시 화사해져서
〈

노을로 번진다

노후가 심심하지 않으려면, 언니
노을에도 간이 필요해
그렇다고 도색이 덜 된 염문으로
남의 노을까지 염장질하진 말고요

언니와 나는 그렇게 싸우고
핏줄에 묶인 명란 덩어리였고
터져서 흘러나온 파지 명란에
아무리 발색제를 발라도

터진 언니는, 여전히 터진 언니

망고와 함께

펼쳐 놓은 적도엔 씨실과 날실이 있다
위도와 경도가 교차하는
지구는 그물 스타킹

건기에 갇힌
나는 이국적인 도시를 클릭한다

타이티 해변에서
벨리댄스를 추는 동영상은 우울을 몰아내기에 적당
하다
하루라도 흔들지 않으면 엉덩이와 엉덩이가 꼬인다

적도를 목에 두르고 잠든다
해변은 모두 지워지고
해안선의 길이만큼 밤이 자라나 있다

럭비공 모양의
망고는 거리의 부랑자가 되어
굴러다니다 옆구리가 둥굴어진다
〈

얼음에 갇혀 있던 약속이 해동되고
구름 한 숟가락씩 퍼먹을 때마다
미련이 남는다

과즙 속 씨는 누군가의 독설

나의 과거는 우유만큼 우유부단했고
너의 미래는 불투명한 우유, 허기를 들이켰다

망고는 무정란
검은 반점이 찍혀 있어서

끝내 부화하지 못한 내 얼굴

서정적인 반달

반달이 녹슬어
뻑뻑해진 밤의 나사에 기름칠을 하고

나침판도 불빛도 없이 걷는 밤
새 떼가 녹슨 반달을 콕콕 찍어대고

새 떼의 역습을 피하기 위해서
반달이 되어
구부러지지 않는 반목의 시간을 구부리고

팔자를 고치려 했던
엄마를 표절한 팔자걸음, 아니

반달을 그리며 걷던 엄마의 팔자걸음

도수치료사가 걸음을 갈아 끼우려 해도 반달은 쉽게
차오르지 않고

속도를 압류당한 것은 무리하게 뜀박질을 증축했기
때문

〈

전성기 때는 마라톤 풀코스를 18회 완주했었는데요
종아리에 18금을 숨겨두었던 달리기인데요
엄마의 걸음은 늘 궤도를 이탈하고
완주하지 못한 채 반만 돌고
그래서 걸음도 반이 닳아 반달걸음인데요

의사의 처방은
닳지 않는 젤리 맛 유혹

반달의 탄성
입에 물고

엄마는 그곳에서 팔자걸음으로 달을 반만 그리며 걷
고 있겠지요

수박 병동

수박 이야기를 하려는 것은 아니지만 수박에는 트랙
이 있다
검은 트랙이 수박을 끌고 굴러다닌다

203호가 침대 위에서 굴러다닌다
503호는 침대에 묶여 구르지 못한다
엄마 이야기다
평생 수박밭에서 수박만 딴
엄마의 삶은 눕고 나서야 수평이 되었다 엄마 이야기
를 하려는 것은 아니지만

링거 줄에 매달려 익어가는 저 수박은 누구의 머리통
일까?

엄마는 줄기에서 수박을 잘 땄다
수박은 제 목이 잘리는 순간에도 굴러다녔다
그래서 엄마는 수박이 깨지지 않도록 짚 위에 올려놓
곤 했다
그렇게 올려놓은
〈

짚 위의 수박이 불안하다
집을 나와서야 대접을 받는다며
좋아하던 엄마

간병인은 껍질까지 붉어진 수박을 깨뜨리지 않고 간
병할 수 있을까

검푸른 트랙은
당도 과숙이다
눈길만 스쳐도 금이 갔다

담도 크지
담도에 붙어 엄마를 파먹는 종양
엄마의 담도에서 당도가 역류한다

과숙에 관한 이야기를 하려는 것은 아니지만
왠지 수박 같은 엄마 이야기가 503호에서 익어간다

운동장

여긴, 밑동 잘린 나무의 나이테야
물관이 흐르던 펑퍼짐한 흔적
악몽이 맴돌기 좋은
과녁이야, 과녁의 가장자리에 앉아
잎이 무성했던 너의 전성기를 증명해주는

지문이야, 지문은 흘러가는 개울이고
평평함이 사라진 언덕이고
사건의 뒷면이어서

지문 없는 우린
등고선에 갇힌 단역배우이거나
묵언수행 중인 꽃들이어서

이 숲에선 새 울음소리가 시들지

그날의 시작은 탕! 하는 총성과 함께였어
총소리만으로도 공포인데 오르막은 숨이 더 가빴어
언젠가 언덕은 우릴 버릴 거야
버려진 사람들은 나침반도 없는 곳에서

〈

나뭇가지처럼 갈라졌지

어떤 사람들은 나이테를 따라 맴돌았지

그때 운동장은 모이는 장소였을까 흩어지는 장소였
을까
텅 빈 그곳엔 명분 없는 만국기만 펄럭거렸지

사람들이 모이고 흩어지고
아이들이 빙글빙글 돌던 운동장은

나무의 밑동이야

나이테를 따라 돌며 힘들어도 멈출 수 없는 생의 릴
레이를
쉬지 않고 기록하는 궤적이야

물의 악몽

절벽 아래 웅덩이에 고인 것은
새의 울음

그게 물의 근성이 되었다
폭포는 추락하는 힘으로 절벽을 보여 준다

절벽은 속도를 갖는다 가서 영영 돌아오지 않겠다는
다짐이 되려고 여울을 뭉개고
텃새는 철새가 되어 떠난다

이제 물은 꼬리를 자르며 회귀성을 잃어버렸고
물속의 제 물고기들을 잡아먹고

상징도 비유도 없이
악몽의 세계도 없이

보洑를 만나 멈춰서고 만다
물이 다시 고이면
물속 풍경이 악취를 풍긴다
〈

풍경이 죽어가는 사이
생각에도 이끼가 끼기 시작한다

인간의 마음에서 새떼가 증발한 일과
보_譜의 기록에서 새떼가 증발한 일은
거의 동시에 일어난 일

새가 다시 찾은 절벽은 나무가 없어 앉을 수 없었고

새의 눈에 고인 것은
물의 악몽

빨간 초 일곱 개

크레이프 케이크에는
제빵사와 궁사의 꿈이 겹겹이 둘려져 있다고 했다

고깔모자를 쓰고 생일을 축하하는 사람들
체에 악몽을 걸러 만든 과녁을 찾는 것이라고 했다

제빵사가 케이크에 달콤한 꿈을 차곡차곡 두르는
동안
　과녁이 되지 않으려는 사람들이 가장자리에 달라붙
는다

궁사는 얼마나 많은 초를 날려야
제빵사의 달콤한 꿈을 부술까

불발된 화살이 바람 탓만은 아닐 거라고 했다

가운데서 가장자리로 번지는 파문
호수 테두리에 꽂힌 나무들

케이크에도 이런 꿈의 풍경이 있다

〈
태어나자마자
표적이 되어버리는 케이크에
초를 아무리 꽂아도
달콤한 과녁을 찾을 수 없을 거라고 했다

한 살부터 시작된
이 경기는

악몽의 적중률로
더 많이 기록되는

과녁의 맛

제사의 내구성

코팅 벗겨진 밤에 기름칠을 하면
이 밤의 일들이 잘 구워질까요

시끄럽게 달아오르다가 부푸는
그런 일들, 그런 생각들

프라이팬에서 지글거리게 뒤집을 수 있을까요

바스락대는 11월 하루를
물에 불려 삶기 시작하면

푸릇푸릇 한 생이 되살아납니다

나는 동그랑땡 부치는 일을 멈출 수 없고
까맣게 탄 생활을 계속 뒤집습니다

그곳에선 지지고 볶을 일도 없을 텐데
왜 죽은 자들이 먹는 음식에선 그을음 냄새가 날까요

오늘은 향불 대신 촛불로 초대합니다

〈
전을 먹는 사람들, 없지만 있습니다
전을 부치는 사람, 있지만 없습니다

산 자들의 대화가
죽은 자들의 이야기로
언성이 높아지는 밤

산 자들에게
전은
더 먹고 싶은 기름진 유혹

내가 죽어도 그럴까요
나는 밤의 무게를 견디고 있는데

얼떨결에 떠안은 내구성 좋은 제사는 대물림되고

길을 건너는 나를 본 적 있어요

신호등에는 두 명의 내가 살아요

위, 아래에서
내가 교대로 깜빡이는 건
몸을 바꾸자는 묵시적인 약속입니다

몇 분 간격으로 보이는 나와 보이지 않는 나를 들락
거려요

위층의 내가 멈출 때
아래층의 나는 출발을 알려요

출발해야 하나요
멈춰야 하나요

아래층의 내가 길고양이를 안을 때
위층의 나는 구름을 쫓고 있어요

횡단보도에 구름을 정차시키지 못한 이유는
직진하려는 습관 때문이에요

〈

구름은 구름을 벗어나려고
경계를 지우며 흘러가는데

구름이 건너야 할 건널목은 몇 개일까요

위층의 나는 건널목 저편에 서 있는데
아래층의 나는 건널목 이편에 서 있어요

횡단보도엔 불 꺼진 신호등이 서 있고요

돌아갈 몸이 사라진
나는 나를 바꿔 입지 못해요

사물의 현상학과 그 너머에 존재하는 '삶'

고봉준

1.

맥거핀Macguffin이라는 말이 있다. 알프레드 히치콕이 즐겨 써서 유명해진 이 개념의 사전적 의미는 '중요하지 않은 것을 마치 중요한 것처럼 위장해서 관객의 주의를 집중시키는 트릭'이다. 쉽게 설명하면 맥거핀은 등장인물과 줄거리가 진행될 수 있는 동기를 부여하지만 정작 그것 자체는 어떠한 가치도 없는 극적 요소나 공허한 구실, 즉 일종의 속임수 장치라고 말할 수 있다. 나는 김분홍의 시를 읽는 내내 히치콕의 '맥거핀'을 떠올렸다. 그녀의 시는 '사물'과 '이미지'를 중심으로 직조된다. 이때 '사물'과 '이미지'를 매개하는 것이 바로 연상이다. 요컨대 김분홍의 시는 '사물'에 대한 이미지와 연상의 흐름을 따라 쓰였고, 독자 또한 그 연쇄를 따라가며 읽으면 사물에 대한 낯선 감각을 경험할 수 있다. 여기까지는 '사물의 현상학'이라고 말할 수 있다.

하지만 우리는 김분홍의 시에 등장하는 사물에서 맥거핀의 흔적, 그러니까 독자의 주의를 붙잡으면서도 정작 그것이 시의 핵심이라고 말할 수는 없을 것 같은 느낌을 받는다. 이것은 '사물'에 대한 낯선 감각을 전면화함으로써 사물 자체에 초점을 맞춘 것처럼 보이지만 실제로는 '사물'에 관한 시가 아니라 그 너머의 세계에 관한 것으로 읽어야 한다는 의미이다. 물론 히치콕의 맥거핀과 달리 김분홍의 '사물'은 의도의 산물, 즉 독자의 시선을 특정한 방향으로 돌려놓으려는 의도의 결과는 아닌 듯하다. 김분홍의 시에서 '사물'은 시의 출발점이다. 그녀의 시는 '사물'에서 시작되지만 '사물'에 관한 시가 아니다. 따라서 '사물'에 초점을 맞추고 그녀의 시를 읽을 때 우리가 얻을 수 있는 것은 절반에 불과하다. 그렇다면 '사물' 너머에 존재하는 나머지 절반의 정체는 무엇일까?

벚꽃 개화에도 표준목이 있다는 사실을 모르는 사람도
많지만

해마다 표준목에 고시한 세 송이 벚꽃이 개화의 척도가
된다

〈

여의도 윤중로에 있는 표준목과 기술표준원에서 고시하는 표준은 달라 보였지만 실은 다르지 않다

한때 표준적인 회사에 근무한 적이 있다

사회의 표준목이 되고 싶었지만 나는 빈약한 줄기였다

수십 년 동안 개화하지 못한 채 꽃을 보여주겠다고 공덕동을 기웃거리거나 육교를 찾지 못해 난간을 걸어 다녔다

중심에서 밀려 난 나는 유행 지난 BCBG 꽃무늬 원피스에서 표준을 찾았다

어떤 해에는 표준을 벗어난 사람과 연애하다가 잠깐 개화했다

매년 기상청의 표준목 개화 시기 예측은 실패했고 벚꽃축제를 기다리는 상인들에게 혼선을 주었다

그때마다 벚꽃은 조금 늦거나 일찍 폈다

〈

표준을 벗어난 벚꽃들

그 사이를 걸으며 나는 표준목이 될 수 없다는 것을 깨
달았다

규격 없는 규격 미달의 봄이 내게 만개했다

- 「표준적인 사람」 전문

시인은 시집의 첫 페이지에 '표준'에 관한 작품을 배치
했다. 시집에서 첫 페이지는 하나의 세계가 시작되는 장
소, 예를 들면 소설이나 이야기, 혹은 영화와 희곡 도입
부의 지문地文처럼 뒤이어 등장하는 이야기에 관한 안내
문의 성격을 띤다. 요컨대 이 시는 시집 전체를 관통하
고 있는 시인의 관심을 압축하고 있는 작품이면서 동시
에 나머지 작품들을 이해하는 해석틀이라고 말할 수 있
다. 이 시에는 몇 개의 '표준'이 등장한다. 벚꽃 개화의
척도가 되는 '표준목'은 자연 세계에 존재하는 표준이고,
기술표준원에서 고시하는 '표준'은 공산품이나 기술 등
에 적용되는 인공 세계의 표준이다. 그리고 "표준적인 회
사"에 근무함으로써 화자가 되고 싶었던, 하지만 세상의
'중심'에서 밀려남으로써 끝내 '되기'에 실패한 "사회의 표
준목"은 사회 세계의 표준이다. 이처럼 화자는 자연, 기

술, 사회의 세 영역에 존재하는 각기 다른 '표준들'을 제시한 다음 "여의도 윤중로에 있는 표준목과 기술표준원에서 고시하는 표준은 달라 보였지만 실은 다르지 않다"라고 진술한다. 화자의 진술처럼 모든 표준은 동일한 기능을 수행한다는 점에서 같은 것이라고 말할 수 있다.

'표준'은 단순한 기술적 개념이 아니다. '표준'은 기술이나 기계장치 등처럼 산업 영역만이 아니라 사실상 우리의 사고와 삶의 방식 전체를 규제하는 거대한 권력이다. "사물이 그것들이 생성되고 소멸되는 전 과정을 통해 시험받고 검증되듯이 인간도 개인으로서 그리고 단체의 일원으로서 같은 과정을 거친다."라는 사회학자 로런스 부시의 말처럼 '표준'은 상품이나 사물만이 아니라 인간의 내면은 물론이고 사회 전체를 지배하는 척도라고 말할 수 있다. 표준시간, 표준체중, 표준 키, 표준 레시피…… 이처럼 출생에서 죽음에 이르는 우리의 일생과 매일의 일상은 온통 '표준'에 의해 지배된다. 로런스 부시가 지적했듯이 이러한 '표준'은 주로 엘리트 또는 전문가에 의해 생산된다. 그것은 우리의 의지와 상관없이, 우리의 바깥에서 생산되어 학교, 가정, 군대, 직장 등의 제도를 통해 우리에게 강제되는 것이다.

현대사회에서 '표준'을 벗어난 사물과 삶, 즉 '표준'의 '바깥'은 과연 존재할 수 있을까? 우리는 과연 표준화된 출생이나 죽음을 벗어날 수 있을까? 이 질문에 대해 화자는 "표준을 벗어난 벚꽃들"을 제시한다. "매년 기상청의 표준목 개화 시기 예측은 실패했고 벚꽃축제를 기다리는 상인들에게 혼선을 주었다"라는 진술이 그것이다. 또 하나, 그 벚꽃들 사이를 걸으며 자신이 결코 "표준목이 될 수 없다는 것"을 깨달은 화자 역시 '표준'의 바깥이라고 말할 수 있다. 여기에서의 '나'는 시인으로서의 자아를 가리킨다. 시인은 '표준'의 바깥에 위치한 존재이며, 그런 한에서 그의 감각이나 인식 또한 '표준'의 바깥일 수밖에 없다. 그는 표준화된 인식과 감각에서 벗어나는 방법을 모색하는 존재이며, 그것을 위해 일상의 질서를 다른 감각과 시선으로 읽어내고자 한다. 이런 의미에서 우리는 표준을 벗어난 존재가 바로 '시인'이며, 시인은 사물과 세계에 대한 비일상·비표준적인 감각과 시선을 지는 존재라고 규정할 수 있다. 요컨대 이 시는 김분홍 시인의 시론詩論에 해당한다. 화자는 자신을 가리켜 "나는 표준목이 될 수 없다"라고 진술하지만 실상 그것은 표준적인 방식의 삶과 인식을 수락하지 않겠다는 다짐이기도 하다. 김분홍 시인의 시에서 '사물'은 정확히 이러한 의미, 즉 표준화된 일상의 바깥을 지시하는 객관적 상관물이다. 달리 말하면 시인에게 시를 쓰는 행위는 '사물'에 대한 표준적 감각과 인식의 바깥, 즉 일상의 외부

를 열어 보이는 행위이며, 이때 시적 대상인 '사물'은 일
상적인 맥락과는 다른 사물로 재규정된다.

수박 이야기를 하려는 것은 아니지만 수박에는 트랙이
있다

검은 트랙이 수박을 끌고 굴러다닌다

203호가 침대 위에서 굴러다닌다

503호는 침대에 묶여 구르지 못한다

엄마 이야기다

평생 수박밭에서 수박만 딴

엄마의 삶은 눕고 나서야 수평이 되었다 엄마 이야기를
하려는 것은 아니지만

링거 줄에 매달려 익어가는 저 수박은 누구의 머리통일
까?

엄마는 줄기에서 수박을 잘 땄다

수박은 제 목이 잘리는 순간에도 굴러다녔다

그래서 엄마는 수박이 깨지지 않도록 짚 위에 올려놓곤
했다

그렇게 올려놓은

〈

짚 위의 수박이 불안하다

집을 나와서야 대접을 받는다며

좋아하던 엄마

간병인은 껍질까지 붉어진 수박을 깨뜨리지 않고 간병할

수 있을까

검푸른 트랙은

당도 과숙이다

눈길만 스쳐도 금이 갔다

담도 크지

담도에 붙어 엄마를 파먹는 종양

엄마의 담도에서 당도가 역류한다

과숙에 관한 이야기를 하려는 것은 아니지만

왠지 수박 같은 엄마 이야기가 503호에서 익어간다

－「수박 병동」 전문

김분홍의 시에서는 '사물'에 대한 낯선 인식과 감각이

단연 두드러진다. 하지만 그녀의 시는 '사물'에 관한 시가 아니다. '사물'이 아니라면 무엇에 관한 시라고 말해야 할까? 이 시는 김분홍의 시에서 '사물'과 '삶'의 관계, 그러니까 그녀의 시가 '사물'의 시에 국한되지 않는다는 사실을 가장 분명하게 보여주는 작품이다. 이 시에서 화자는 반복적으로 자신의 발화가 '사물'에 관한 것이 아님을 주지시키고 있다. "수박 이야기를 하려는 것은 아니지만 수박에는 트랙이 있다"나 "과숙에 관한 이야기를 하려는 것은 아니지만"이 단적인 예이다. 그런데 그녀는 "엄마 이야기를 하려는 것은 아니지만"처럼 이것이 '엄마'에 관한 이야기도 아니라고 진술한다. '수박'에 관한 이야기가 아니고, 또한 '엄마'에 관한 이야기도 아니라면 이 시는 무엇에 관한 시일까? "엄마 이야기다"라는 진술처럼 이 시는 '엄마'에 관한 이야기이다. 하지만 시인은 '엄마'에 관해 이야기하면서 정작 이야기의 초점을 '엄마'가 아니라 '수박'에 맞추고 있다. 요컨대 이 시는 '수박'에 초점이 맞춰져 있으나 실상은 수박에 초점을 맞춘 '엄마'에 관한 이야기이다. 그리고 때때로 그녀는 '엄마'에 초점을 맞추는 방식으로 '수박'에 관해 이야기하기도 한다. 이처럼 '엄마'에 초점을 맞추고 '수박'에 관해 이야기하는 것, 반대로 '수박'에 초점을 맞추는 방식으로 '엄마'에 관해 이야기하는 것, 이러한 이중적 초점화를 통해 '표준'이 지배하는 일상의 현실을 뒤흔드는 것이 바로 시인의 전략이다.

'수박'은 시인에게 특별한 의미를 지닌 사물이다. 첫 시집에 수록된 「수박」에서 암시되듯이 '수박'은 시인을 가족사 또는 유년의 세계와 이어진 대상이다. 인용시에서 이 연결은 "평생 수박밭에서 수박만 딴/엄마의 삶"이라는 진술로 요약적으로 제시되고 있다. 시인은 수박 농사를 짓는 가정에서 태어났고, 수박을 따면서 늙어가는 엄마를 지켜보면서 성장했다. 그리고 지금, 그 '엄마'가 '203호'와 '503호'로 표상되는 병실 침대 위에 누워 있다. '엄마'는 "담도에 붙어 엄마를 파먹는 종양"으로 인해 목숨이 위태롭다. 7연에 등장하는 "검푸른 트랙은/당도 과숙이다"라는 진술은 담도 이상으로 얼굴이 검푸르게 변한 엄마의 얼굴을 "당도 과숙"으로 인해 "검은 트랙"이 생긴 수박에 비유한 것으로 보인다. 화자에게는 평생 수박만 따다 링거를 꽂고 누워 있는 엄마의 모습이 "링거 줄에 매달려 익어가는 저 수박"의 형상처럼 보인다. '수박(사물)'과 '인간'의 조합, 그것은 순전히 '수박(사물)'에 관한 진술만은 아니며, 마찬가지로 온전히 '인간'에 관한 진술만도 아니다. 그것은 수박(사물)과 인간의 관계에 관한 이야기이며, 그리하여 수박(사물)을 매개로 한 인간에 관한 이야기인 동시에 인간을 매개로 한 수박(사물)에 관한 이야기라고 말할 수 있다.

2.

　사물에 대한 일상적 감각, 요컨대 어떤 사물이 일상적 세계에서 우리와 맺는 대표적인 관계 방식은 실용성이다. 우리의 일상은 온통 '사물'로 채워져 있다. '사물'은 우리의 일상을 지탱하는 중요한 도구이며, 도구로서의 사물이야말로 우리가 일상에서 사물과 어떤 관계를 맺으며 살고 있는가를 보여준다. 이런 의미에서 일상적 세계에서 사물에 대한 표준적 감각은 실용성과 도구성이라고 말할 수 있다. 사정이 이러하다면 '표준'을 벗어난 사물과의 만남, 즉 사물과의 관계에서 '표준'의 '바깥'은 어떤 방식으로 구성될 수 있을까? 손쉬운 방법 가운데 하나는 '사물'에서 도구성을 삭제하는 것, 그리하여 사물을 도구가 아닌 존재로 변신Metamorphoses시키는 것이다. 사물이 시적 변용 과정을 통해 유용성을 지닌 도구의 지위에서 벗어날 때, 사물과 인간 사이에는 이전과 전혀 다른 관계가 시작된다. 가령 다음의 작품을 읽어보자.

　　바다의 깊이를 재는 줄자는 뱀을 닮았어

　　곧추서지 못하고 똬리를 틀었다고

　　속까지 음흉하진 않겠지?

　　〈

분노를 삭이다 보면 생활도 꼬이고 마음도 꼬이지

배배 꼬인 생활이 풀릴 때까지

악착스럽게 바닥을 후벼팠어

파고들수록 단단해지는 깊은 어둠에 뿌리를 내렸지

사각으로 펼쳐놓은 악몽에

소시지와 단무지, 채 썬 보름달과 졸인 어둠을 넣고 말

았지

당신이 터지지 않게

휘어지지 않는 당신의 성격

누구 말도 듣지 않아

채울 줄만 알았지 비울 줄 모르는 누적의 식습관

관장을 해야 항문이 열렸어

방 안 가득 산수유를 피워 내던 당신은

죽었는지 살았는지

구별이 안 되는 뿌리식물

자꾸 바닥을 파고들지

〈

지팡이가 당신을 놓아주었는지 당신이 지팡이를 놓아주

었는지 모르겠지만

악몽을 지우는 중일까, 기적이 없어

기우는 수직을 온몸으로 받아내는 폐가의 시간

이미 만삭이야

- 「우엉의 시간」 전문

'우엉의 시간'이라는 제목에서 알 수 있듯이 이 시는 수직으로 자라는 '우엉'의 형상과 성장 방식에서 모티프를 얻은 작품이다. 따라서 1행에 등장하는 "바닥의 깊이를 재는 줄자"는 수직으로 깊게 자라는 '우엉'을 비유한 것으로 읽을 수 있다. 화자는 아래로 곧게 자라는 우엉의 생장 방식을 바닥의 깊이를 잰다는 의미로 해석하는 한편, 그와 동시에 '우엉=뱀'이라는 시각적 유사성을 끌어들이고 있다. 이러한 이중적 변용으로 인해 '우엉'은 악착스럽게 바닥을 후벼파고 "깊은 어둠에 뿌리"를 내리는 강인한 생명인 동시에 "곧추서지 못하고 똬리를 틀었다고"나 "배배 꼬인 생활"처럼 '뱀'의 성질을 지닌 존재로 제시된다. 여기에서 화자는 '우엉'이나 '줄자'의 수직성과 '똬리'로 표상되는 '뱀', 즉 수평성을 병치시키고 있는데,

이는 화자의 인식 속에서 '우엉'의 수직성이 '똬리'나 "배배 꼬인 생활"이 풀린 상태로 이해되고 있음을 보여준다.

하지만 이 시에서 화자가 궁극적으로 표현하려는 바는 '우엉'이라는 사물이 아니다. 앞에서 설명했듯이 시인은 '우엉'이라는 사물을 거듭해서 변주함으로써 그것에서 다양한 형상과 성질을 끄집어내지만 정작 시인의 관심은 다른 곳에 있다. 거칠게 요약하면 이 시는 '우엉'에 관한 시가 아니라 '삶'에 관한 시라고 말할 수 있다. 그 '삶'의 주체는 바로 '당신'이다. '당신'의 정체는 명확하게 제시되지 않지만, "휘어지지 않는 당신의 성격"이나 "누구 말도 듣지 않아" 등에서 우리는 '당신'이 화자와 가까운 인물임을 짐작할 수 있다. 이처럼 '우엉'과 '당신'이라는 두 존재가 중첩되면 바닥을 후벼파면서 "깊은 어둠에 뿌리"를 내리는 존재가 둘 가운데 하나가 아니라 둘 모두를 가리킨다는 사실이 자연스럽게 드러난다. 요컨대 화자는 시의 전반부에서 독자의 시선을 '우엉'이라는 사물에 붙들어 두는 방식으로 진술하지만 중반 이후부터 그것은 '우엉'을 닮은, 혹은 그것을 연상시키는 한 인물에 관해 자연스럽게 이어진다. 이러한 중첩의 산물이 바로 "기우는 수직을 온몸으로 받아내는 폐가의 시간"이다. 여기에서 "기우는 수직을 온몸으로 받아"낸다는 것은 뒤이어 등장하는 '지팡이'와 관계가 있어 보인다. 이렇게 보면 1행에서 수직의 형상이었던 '우엉=줄자'가 후반부에서는 수평의 형상인 '우엉=지팡이'로 바뀌었음을 알 수 있다. 물론 '지팡이' 자체는 수직의 형상일 수 있다. 하지만 여기에서의 '지팡이'는 "지팡이가 당신을 놓아주었는지 당신이 지팡이를 놓아주었는지 모르겠지만"이라는 진술처럼 '당신'과 분리된 상태이다. 짐작건대 화자는 병상에 누워 있는 사람을 '지팡이' 혹은 '만삭'에 비유하고 있는 듯한데, 이런 점에서 이 시는 「수박 병동」과 겹쳐 읽을 때 그 의미가 한층 분명하게 드러난다. 분명한 것은 이것이 '우엉'에 관한 시가 아니라 '삶'에 관한 시라는 사실이다.

여긴, 밑동 잘린 나무의 나이테야

물관이 흐르던 평펴짐한 흔적

악몽이 맴돌기 좋은

과녁이야, 과녁의 가장자리에 앉아

잎이 무성했던 너의 전성기를 증명해주는

지문이야, 지문은 흘러가는 개울이고

평평함이 사라진 언덕이고

사건의 뒷면이어서

지문 없는 우린

등고선에 갇힌 단역배우이거나

묵언수행 중인 꽃들이어서

이 숲에선 새 울음소리가 시들지

그날의 시작은 탕! 하는 총성과 함께였어

총소리만으로도 공포인데 오르막은 숨이 더 가빴어

언젠가 언덕은 우릴 버릴 거야

버려진 사람들은 나침반도 없는 곳에서

나뭇가지처럼 갈라졌지

어떤 사람들은 나이테를 따라 맴돌았지

그때 운동장은 모이는 장소였을까 흩어지는 장소였을까

텅 빈 그곳엔 명분 없는 만국기만 펄럭거렸지

사람들이 모이고 흩어지고

아이들이 빙글빙글 돌던 운동장은

나무의 밑동이야

〈

나이테를 따라 돌며 힘들어도 멈출 수 없는 생의 릴레이를

쉬지 않고 기록하는 궤적이야

- 「운동장」 전문

　「우엉의 시간」이 '우엉'이 아니라 '삶'에 관한 시이듯이, 「운동장」 또한 '운동장'이 아니라 '삶'에 관한 시이다. 1연에서 화자는 '운동장'을 "밑동 잘린 나무의 나이테"로 변주하고 있다. '운동장'과 "밑동 잘린 나무의 나이테" 사이에는 일차적으로 원형圓形이라는 시각적 유사성이 존재한다. '운동장=나이테'라는 인식이 이 시의 출발점이라면 그것이 '물관'과 '과녁'으로 확장되는 것은 지극히 당연한 수순으로 보인다. 그런데 화자가 '운동장=나이테'라는 등식에서 읽어내려는 것은 시각적 유사성에 한정되지 않는다. 화자는 '나이테'를 "잎이 무성했던 너의 전성기를 증명해 주는//지문"으로 해석함으로써 '운동장=나이테'라는 등식에 시간이라는 층위를 추가한다. '나이테'가 시간의 기호임은 생물학적인 사실이다. 하지만 화자는 한 걸음 더 나아가 '운동장'을 "아이들이 빙글빙글 돌던 운동장"으로, 그리고 그것을 "나이테를 따라 돌며 힘들어도 멈출 수 없는 생의 릴레이를/쉬지 않고 기록하는 궤적"으로 재해석한다. 이러한 상상력의 논리에 따르면 '운동

장'은 중단될 수 없는 "생의 릴레이"가 기록되는 궤적, 그러니까 삶 그 자체라고 말할 수 있다. 게다가 시인은 이 '운동장'에서 "명분 없는 만국기"와 "탕! 하는 총성"으로 표상되는 유년의 시간을 추가하고 있다. 화자의 실존적 감각에 따르면 한때 운동장을 빙글빙글 돌던 아이들은 어느 순간 "나뭇가지처럼 갈라졌"고, 그들은 저마다의 방식으로 "등고선에 갇힌 단역배우이거나/묵언수행 중인 꽃들"처럼 존재감을 드러내지 않고 묵묵히 살아왔다. 사정이 이러하므로 '나이테와' '꽃'이 등장하지만 "이 숲에선 새 울음소리"가 시든다. 왜냐하면 이 '숲'은 자연이 아니라 사회, 즉 인간 세상의 일부이기 때문이다.

이처럼 김분홍의 시는 '사물'에서 시작하여 '삶'에 관한 진술로 끝난다. 이는 김분홍의 시에서 '사물'이 '삶'을 이야기하기 위한 매개라는 의미이다. 이때 '삶'의 의미는 단일하지 않다. '홀가먼트 참외'라는 사물에 관한 이야기가 "흉터를 꿰맨 흔적 없이 매끈하게 익고 싶었다"(「홀가먼트 참외」)라는 고백으로 귀결되는 것, 박물관에서 목격한 '빗살무늬'에서 "깊이 팬 고랑에서 평생 밭두둑만 일"(「코듀로이 계보」)군 엄마의 일생을 발견하는 것, "빗물에 출렁이는 바다가 뽁뽁이"로 보여 그것으로 "깨지기 쉬운 마음을 포장하고 싶었다"(「모노레일」)라고 고백하는 장면, '파지 명란'에서 "삶의 농도는 왜 이렇게 짤까"

146

(「명란 언니」)처럼 삶의 고단함을 읽어내는 것, '반달'에서 고관절 이상으로 "반달을 그리며 걷던 엄마의 팔자걸음"(「서정적인 반달」)을 읽어내는 것 등에서 '삶'은 한 개인 또는 가족의 고단한 삶과 상처를 가리킨다. 반면 "지지대에 매달려 성장하는 가시오이"(「가시오이」)를 "햇살 없는 햇살론"에 매달려 살아가는 모습으로, 인위적으로 건설된 '절벽=보'에서 "물이 다시 고이면/물속 풍경이 악취를 풍"(「물의 악몽」)기는 장면으로, '킹스베리' 딸기에서 "욕망을 세척하지 못한 빌라가 지하층부터 짓물러"(「킹스베리, 킹스베리」) 가는 장면을 읽어낼 때, '삶'은 사회적·현실적인 의미로 확장된다고 말할 수 있다. 이처럼 김분홍 시의 특징은 '사물'에 대한 현상학적 인식을 개인적·실존적 층위만이 아니라 사회적·정치적 층위로 확장하는 데 있다.

3.

신호등에는 두 명의 내가 살아요

위, 아래에서
내가 교대로 깜빡이는 건

몸을 바꾸자는 묵시적인 약속입니다

몇 분 간격으로 보이는 나와 보이지 않는 나를 들락거
려요

위층의 내가 멈출 때
아래층의 나는 출발을 알려요

출발해야 하나요
멈춰야 하나요

아래층의 내가 길고양이를 안을 때
위층의 나는 구름을 쫓고 있어요

횡단보도에 구름을 정차시키지 못한 이유는
직진하려는 습관 때문이에요

구름은 구름을 벗어나려고
경계를 지우며 흘러가는데

구름이 건너야 할 건널목은 몇 개일까요
〈

위층의 나는 건널목 저편에 서 있는데

아래층의 나는 건널목 이편에 서 있어요

횡단보도엔 불 꺼진 신호등이 서 있고요

돌아갈 몸이 사라진

나는 나를 바꿔 입지 못해요

　　　　- 「길을 건너는 나를 본 적 있어요」 전문

　김분홍의 시집은 '표준'에 관한 이야기로 시작해 '신호
등'에 관한 이야기로 마무리된다. "신호등에는 두 명의
내가 살아요"라는 진술에서 알 수 있듯이 이 시에 등장
하는 사물은 건널목에 설치된 보행자용 '신호등'이다. 신
호등에는 "두 명"의 '나'가 살고 있다. "위, 아래"로 분리
되어 살고 있는 이들은 "몸을 바꾸자는 묵시적인 약속"
에 따라 "교대로 깜빡"거린다. 그들은 시간에 따라 "보이
는 나와 보이지 않는 나"로, 공간에 따라 '위층'의 나와
아래층의 '나'로 구분된다. "위층의 내가 멈출 때/아래층
의 나는 출발"이라는 표현처럼 이들 사이의 분리는 필연
적이다. 그런데 이런 시각은 '사물'에 관한 해석일 뿐 '삶'
에 관한 것이 아니다. 이 시를 '신호등'이 아니라 '삶'에
관한 이야기로 해석하면 어떻게 읽을 수 있을까?

나는 '표준'이라는 이 시집의 전체적인 문제의식을 배경으로 "두 명"의 '나'를 시인으로서의 '나'와 일상인으로서의 '나'로 읽자고 제안하려 한다. 이 제안에 따르면 일상인으로서의 '나'는 '표준'의 '이편'에 속하는 존재이고 시인으로서의 '나'는 '표준'의 '저편'에 속하는 존재이다. 그것을 고양이를 안는 "아래층의 나"와 구름을 쫓는 "위층의 나"의 분열이라고 이해해도 좋다. "아래층의 나"는 지상의 세계에 속하고, "위층의 나"는 중력 법칙을 벗어난 공중의 세계에 속한다. 이 시에서 '길고양이'와 '구름'은 각각 '지상'과 '공중'을 표상한다. 이러한 이유로 인해 '구름'을 '횡단보도'에 정차시키는 일은 불가능하다. 왜냐하면 공중의 세계에 속하는 "구름은 구름을 벗어나려고/경계를 지우며 흘러가"기 때문이다. 이처럼 위와 아래, 이편과 저편, 일상인으로서의 '나'와 시인으로서의 '나'가 명확하게 구분될 수 있다면, 그것들을 '사물'이 놓이는 배치라고 불러도 좋을 듯하다. 사물은 '일상'과 '시', 즉 두 세계 모두에 존재한다. 하지만 시의 세계에서 '사물'이 존재하는 방식과 일상의 세계에서 '사물'이 존재하는 방식은 완전히 다르다. 후자에서 사물은 유용한 도구로 존재하는 반면 전자에서 사물은 "경계를 지우며 흘러가는" '구름'처럼 끊임없이 변신한다. 이 사물의 되기 becoming를 배경으로 '삶'을 사유하는 것이 바로 김분홍의 시적 전략이다. 하지만 이 시에서 화자가 직면하고 있는 문제는 그 존재 전환의 가능성이 차단되었다는 것이다. "출발해야 하나요/멈춰야 하나요"라는 화자의 질문이 바로 그것이다. 특히 그것이 "불 꺼진 신호등"일 때 문제는 한층 심각해진다. 시인의 삶에는 일상인으로서의 '나'와 시인으로서의 '나'가 공존한다. 보행자용 신호등의 두 불빛처럼 그것들은 '차이' 속에서 공존한다. 하지만 신호등 불빛이 모두 꺼졌을 때, 시인에게는 실존적인 문제가 발생한다. "돌아갈 몸이 사라진/나는 나를 바꿔 입지 못해요"라는 진술이 바로 그것이다. 이 불가능성의 구체적인 내용은 알 수 없으나 시인이 "불 꺼진 신호등"을 목격하고 그것을 '사물'이 아닌 실존의 문제로 받아들이고 있음은 분명해 보인다. 김분홍의 시는 '사물'로 시작하여 '삶'으로 끝난다.

상상인 시선 *068*

가족이라는
기후

지은이 김분홍

초판인쇄 2025년 11월 25일 **초판발행** 2025년 11월 30일

펴낸곳 도서출판 상상인 **편집주간** 황정산 **펴낸이** 진혜진

표지디자인 최혜원 **기획·마케팅** 전은빈 최유림 노혜림 정현수

책임교정 길상화 **편집** 세종PNP

등록번호 제572-96-00959호 **등록일자** 2019년 6월 25일

주소 06621 서울시 서초구 서초대로74길 29, 904호

전화번호 02-747-1367, 010-7371-1871

팩스 02-747-1877 **전자우편** ssaangin@hanmail.net

ISBN   979-11-7490-029-6 (03810)

값 12,000원

세종특별자치시 세종시문화관광재단
SEJONG CULTURE AND TOURISM FOUNDATION

* 이 시집은 세종특별자치시와 세종시문화관광재단에서 2025년 신진예술
  지원사업 사업비 일부를 지원받아 발간했습니다.

* 이 도서의 국립중앙도서관 출판시도서목록(CIP)은 서지정보유통지원시스템 홈페
  이지(http://seoji.nl.go.kr)와 국가자료공동목록시스템(http://www.nl.go.kr/kolisnet)
  에서 이용하실 수 있습니다.